BEI GRIN MACHT SICH IHR WISSEN BEZAHLT

- Wir veröffentlichen Ihre Hausarbeit,
  Bachelor- und Masterarbeit

- Ihr eigenes eBook und Buch -
  weltweit in allen wichtigen Shops

- Verdienen Sie an jedem Verkauf

Jetzt bei www.GRIN.com hochladen
und kostenlos publizieren

Bibliografische Information der Deutschen Nationalbibliothek:

Die Deutsche Bibliothek verzeichnet diese Publikation in der Deutschen National-
bibliografie; detaillierte bibliografische Daten sind im Internet über http://dnb.d-
nb.de/ abrufbar.

Impressum:

Copyright © 2016 GRIN Verlag, Open Publishing GmbH
Druck und Bindung: Books on Demand GmbH, Norderstedt Germany
ISBN: 978-3-668-17505-1

Dieses Buch bei GRIN:

http://www.grin.com/de/e-book/317842/weiterfuehrende-informationen-ueber-
die-franzoesische-revolution-die-generalversammlung

Mike G.

Weiterführende Informationen über die Französische Revolution. Die Generalversammlung über Napoleon bis hin zu den Preußischen Reformen

Ein Überblick in Stichpunkten

GRIN Verlag

GRIN - Your knowledge has value

Der GRIN Verlag publiziert seit 1998 wissenschaftliche Arbeiten von Studenten, Hochschullehrern und anderen Akademikern als eBook und gedrucktes Buch. Die Verlagswebsite www.grin.com ist die ideale Plattform zur Veröffentlichung von Hausarbeiten, Abschlussarbeiten, wissenschaftlichen Aufsätzen, Dissertationen und Fachbüchern.

Besuchen Sie uns im Internet:

http://www.grin.com/

http://www.facebook.com/grincom

http://www.twitter.com/grin_com

Die Französische Revolution[1]

Vorwort

Die nun folgende Arbeit befasst sich näher mit den Themen „Französische Revolution", „Napoleon" und den „preußischen Reformen." Sehr detailreich werden die Ereignisse und Begebenheiten der Jahre 1788 – 1814 ausgeführt und erläutert. Eine Einteilung in sechs Phasen der Revolution soll den Umgang mit der Fülle an Informationen erleichtern, welche mit zahlreichen zeitgenössischen Reden, Briefen oder anderen Berichten gestützt sind. Diese Arbeit entstand im Geschichte Leistungskurs eines Gymnasiums und sollte mehr als ausreichend sein um als Prüfungsvorbereitung dienen zu können.

- **Die Träger der Revolution**

Bevölkerungs-gruppe	Liberales Bürgertum	Bauern	Städtische Kleinbürger
Forderungen	Modernisierung (Steuersystem, Verwaltung, Wirtschaftspolitik), Leistungsgerechtigkeit, keine Bevormundung der ersten beiden Stände mehr.	Befreiung von Feudalherren und Existenz-sicherung.	Gleichberechtigte Gesellschaftsordnung, Zensuswahlrecht, Gegen Industriekapitalismus.

=> <u>Heterogenität der Ziele</u>, d.h. unterschiedliche Ziele, die sich zum Teil gegenseitig widersprechen.
- **Ständegesellschaft in Frankreich**

1. Stand: Klerus	2. Stand: Adel	3. Stand: Bürger
Genießen besondere Privilegien und Steuerfreiheit.		16% Stadtbürger, 82% Landbevölkerung; 98,3% des Volkes, (1715: 18 Mio. → 1789 26 Mio.). Tragen gesamte Steuerlast. **Hierarchische Unterschiede:** • 1. Großbürger/Großbauern (z.B. Kaufleute). • 2. mittleres Bürgertum (z.B. landsitzende Kleinbauern). • 3. Kleinbürger (z.B. Händler). • Ohne Stand: Bettler, Arbeitslose oder Landstreicher.

- Januar 1789 Sieyes: Was ist der dritte Stand?
- Z. 5 – 8: Gedankengut von Hobbes und Rousseau.
- <u>Wodurch grenzt sich der Adel vom Volke ab?</u>
- Tritt aus öffentl. Ordnung durch Privilegien heraus ; Bestandteil der Nation.
- <u>Definition des Dritten Standes nach Sieyes:</u>
- Keine polit. Rechte ; umfasst alles was Staat ist ; ist kein Bestandteil der Nation ; verlangt gleiche polit. Einfluss wie Adel.
  => Dritter Stand soll nicht mehr benachteiligt werden
- Reform: Abstimmung nach Köpfen in Generalständen (nicht mehr nach Ständen).
- Aufhebung des Imperium *in imperio* ; d.h. der Privilegien für erste beide Stände.

---

1 Bildnachweis: Jacques Bertaux - Prise du palais des Tuileries (1793), Quelle: Wikipedia.de

- **1770 – 1788 1. Phase der Französischen Revolution: Autoritätsverlust der Obrigkeit.**
- Kriege inner- und außerhalb Europas führen zur Staatsverschuldung, Feiern der Obrigkeit in Versailles geraten in Kritik.
- Aufklärung entzieht Obrigkeit göttliche Legitimation, Einkommen des 3. Standes wächst, Bauern von Feudallasten erdrückt.
  => Unruhen im Volk, Aufbegehren gegen vorherrschendes System.
- **August 1788 Finanzkrise (Staatsbankrott).**
- **Gründe:** Viele Mängel im Verwaltungs- und Steuersystem.
- **Versuche der Besserung:** Steuererhöhungen.
  → Unruhen im Volk ausgelöst, Steuerboykott des adeligen Parlaments.
  => Scheitern an Größe der Aufgabe und Feindseligkeiten zw. König und Adel.
- **1789 – 1791 2. Phase der Französischen Revolution: Die liberale Phase.**

Gut zu Wissen! **Missstände.** Industriekrise **1780**, Missernte **1788** und strenger Winter **1788/89** schüren Unruhen im Volk.

- **5. Mai 1789 Generalstände einberufen.**
- König musste Volk mit politischer Mitsprache beruhigen, Beschwerdehefte nach Paris geschickt.
  => Gründung von politischen Clubs.
- Vorsitz hat Necker, Ludwig XVI. ließ offen, ob korporativ (nach Ständen) oder nach Köpfen abgestimmt.
- **17. Juni 1789 Nationalversammlung tagt.**
- Vom 3. Stand wegen Kompromisslosigkeit einberufen, andere Stände und König wurde Teilnahme angeboten, jedoch von diesen bekämpft worden → Grundlage der **Verfassungsrevolution.**
- **20. Juni 1789 Ballhausschwur.**
- Teilnehmer an der Nationalversammlung schworen nicht eher auseinander zu gehen, bis Verfassung durchgesetzt worden ist.
  => Aus den politischen Clubs entwickeln sich politische Lager (**FR 1**).
- Das Rad der Revolution soll in verschiedene Richtungen laufen:

Zurückrollen	Stehenbleiben / Umfallen	Weiterrollen
König fordert absolute Monarchie. Adel/Klerus fordern Wiederherstellung alter Privilegien. Papst Pius VI. nimmt Einfluss auf Katholiken in Frankreich. ▶ **Gegenrevolution/Restauration.**	Liberale Reformer / Besitzende Bürger möchten Konkurrenz beim Wahlrecht verhindern, sozialen Status und Besitz sichern. ▶ **Politische Blockaden.**	Girondisten fordern Ausweitung der Revolution auf ganz Europa. Sansculotten fordern eine stärkere Demokratisierung. Bauern fordern Abschaffung der Feudallasten. ▶ **Jakobiner treiben die Radikalisierung an.**

- Feudalherren verlassen Land, da König Nationalversammlung zu unterstützen schien.
  → Furcht bei Feudalbauern, dass Komplott bevorstehe.
  → Bauern stürmten Sitze der Feudalherren und verbrannten Feudalurkunden um ihre Freiheit zu sichern.
- **14. Juli 1789 Sturm auf die Bastille.**
- Auflehnung gegen Staat führt zur Eroberung eines Gefängnisses, anstelle von Gefangenen findet man reichlich Waffen.
- **4./5. August 1789 Aufhebung der ständischen Privilegien durch die Nationalversammlung**
  => Grundlegende Umwälzung der Gesellschaftsordnung.
- **26. August 1789 Erklärung der Menschen- und Bürgerrechte (283/M2).**
  o Vernachlässigung der Menschenrechte durch Korruption und öffentliches Unglück.

- Erklärung verfasst um Menschen ihre <u>Rechte</u> und <u>Verpflichtungen</u> zu zeigen.
- Legislative und Exekutive sollen durch Erklärung geprüft werden.
- Ansprüche der Bürger sollen auf Erhaltung der Verfassung und eigenes Glück abzielen.
- Von Gott legitimierte 17 Artikel:
  - 1. Alle Bürger sind gleich, Privilegien nur zum Nutzen des Allgemeinwohls vergeben.
  - 2. Ziel des Staates: Erhaltung der Menschenrechte.
  - 3. Volkssouveränität.
  - 4. Freiheit des Einzelnen geht soweit bis sie Freiheit des Nächsten einschränkt.
  - 5. Nur Gehorsam gegenüber dem Gesetz, keinem Menschen.
  - 6. Isonomie, politische Selbstbestimmung.
  - 7. Willkür und Widerstand gegen Gesetz werden bestraft.
  - 8. Bestrafung soll ausreichend, aber nicht unnötig hart sein, nur vor Tat bestehende Gesetze sind gültig.
  - 9. Brutalität bei Ausführung der Gesetze ist verboten.
  - 10. Meinungsfreiheit und Ansatz von Religionsfreiheit, wenn nicht gegen Gesetze.
  - 11. Gedanken- , Meinungs- und Pressefreiheit darf nicht missbraucht werden.
  - 12. Staatsheer soll zum Allgemeinwohl eingesetzt werden und Gesetze verteidigen.
  - 13. Sold von jedem progressiv bezahlt werden.
  - 14. Volk darf Höhe der Staatsabgaben und Verwendung überprüfen.
  - 15. Volk darf Beamte zur Rechenschaft ziehen.
    16. Völker ohne Gewaltenteilung und Garantie auf Menschenrechte haben keine Verfassung.
  - 17. Verbot von Diebstahl, jedoch darf Staat persönlichen Besitz gegen (angemessene) Entschädigung einziehen.
- **Zukunftsweisendes an Erklärung für Menschen- und Bürgerrechten (283/M2).**

• Freiheit der ...	• Isonomie	• Schutz des Eigentums
• ...Meinung	• Politische Selbstbestimmung	• Gleichheitsideal
• ...Religion	• Volkssouveränität	• Eigene Freiheit nur von Freiheit des Anderen eingeschränkt
• ...Presse		
• ...Gedanken		

- Bürger sind besondere unabhängige Gruppe in Bevölkerung, Abgrenzung zu Arbeiter und Bauern.
- König weigerte sich Beschlüsse vom **4./5. August 1789** zu unterzeichnen, weshalb städtische Mittel- und Unterschicht eingreift.
- **5./6. Oktober 1789 Zug nach Versailles.**
  - Protestmarsch der Fischerfrauen wegen Brotmangel.
  - Ludwig XVI. wird gezwungen nach Paris ins Schloss Tuilerien zu gehen → Inhaftnahme.
  - Dadurch erhalten Stadtbürger mehr Macht und höhere Bedeutung, werden aber radikaler.
- **5. Oktober 1789 Marsch der Marktfrauen aus Sicht des Thiebault, Offizier der Wache (294/M3).**
  - Etwa 60 Frauen verkündeten mit lautem Geschrei, dass jeder sich ihnen anschließen solle König zu suchen.
  - Frauen wurden von Schenke zu Schenke betrunkener, waren mit Stöcken und Küchenmessern bewaffnet.
  - Gruppe von fünf Mann sollte Frauen zurückdrängen, jedoch erfolglos, sodass Thiebault

Unterstützung schicken musste.
- ○ Frauen wurden mit kräftigen Kolbenstößen, Fußtritten und Bajonetten zurückgedrängt.
  - → Zeugt vom eisernem Willen der Frauen (oder von Betrunkenheit).
- ○ Frauen fluchen, stoßen Drohungen aus, Truppen werden nach Versailles beordert, jedoch vom Volk und Frauen aufgehalten.
- **5. Oktober 1789 Bericht aus der Nationalversammlung von Etienne Dumont (294/M4).**
  - ○ Arbeiterfrauen (Fischweiber) und Lastträger stürmen nach Versailles und verlangen Brot.
  - ○ Ein Regiment, Bürgerwehr und königliche Truppen bewachen Tuilerien.
  - ○ Volk hat sich in Nationalversammlung verschanzt, Männer und Frauen waren mit Hellebarden, Stöcken und Piken bewaffnet.
  - ○ Ein Fischweib genießt überlegene Autorität und Hundert andere Weiber gehorchen ihr.
    - ▪ Sie befehligt sogar Männer und fordert diese zum Schweigen auf.
- **5. Oktober 1789 Bericht von Marquis de Ferrieres (295/M6).**
  - ○ Männer als Frauen verkleidet nennen Lafayette einen Verräter und wollen sich diesem entledigen.
    - → Abwertung des Engagements der Frauen indem sie als verkleidete Männer bezeichnet werden.
  - ○ Mann in Offizierskleidung ist Hauptverschwörer. Steckt Gruppe von Männern und Frauen Geld zu und fordert Schonung von Dauphin und Herzog von Orleans.
  - ○ Als Frau verkleideter Mann will Lafayette enthaupten, Herzog von Orleans soll auf Thron (Konkurrent vom König)
  - ○ Im Paradeplatz und Höfen des Schlosses wird Leibgarde vom bewaffnetem Pöbel (Männer und Frauen) bedrängt.
  - ○ König und königliche Familie haben sich in innere Räume zurückgezogen, Madame Elisabeth (jüngere Schwester des Königs), Madame Royale (Tochter von König) und Dauphin (junger Sohn) ebenfalls anwesend.
  - ○ Volk verlangt Königin, Lafayette überredet Königin zu gehen, um Volk zu beruhigen.
  - ○ Ein Verschwörer möchte Königin erschießen, traut sich aber doch nicht.
  - ○ König bricht mit Familie in Wagen auf. Sechs Stunden lange Fahrt zum Rathaus in Paris.
  - ○ Volk (Männer und Frauen) beleidigen König, drohen Adel & Klerus und feiern Triumph.

Spaltungen der Revolutionäre	
Dekret vom 21. November 1790 (Klerus an Verfassung binden).	Papst lehnt sich gegen Verfassung auf, Abspaltung der Kleriker und katholischen Landbevölkerung.
20. - 25. Juni 1791 gescheiterter Fluchtversuch vom König.	Spaltung der Revolutionäre wegen Frage über Umgang mit König.

- **3. September 1791 Verfassung tritt in Kraft.**

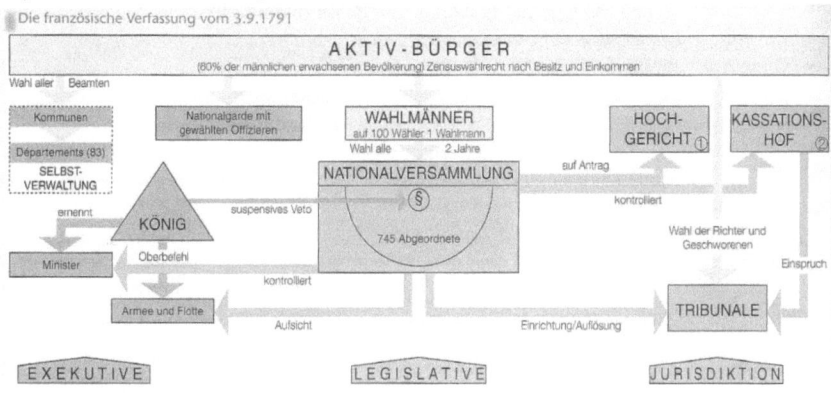

Zukunftsweisendes an Verfassung	Konstitutionelle Monarchie, **Volkssouveränität** und Gewaltenteilung.
Einflüsse von	Montesquieu (**Gewaltenteilung**) Mittleres Bürgertum | Großbürgertum + 1. & 2. Stand → Zensuswahlrecht, konstitutionelle Monarchie.
Hauptproblem	fehlende Kontrolle des Königs, **starke** Machtbefugnisse z.B. Ernennung (königstreuer) Minister, **suspensives** Vetorecht → Blockade, **Oberbefehl** der Armee.

- **14. September 1791 Erklärung der Rechte der Frau und Bürgerin von Olympe de Gouges (284/M3).**
  - *Kursiv Hinterlegtes ähnelt Erklärung der Menschen- und Bürgerrechte.*
  - Mann unterdrückt Frau, kann ihr aber nicht Mund verbieten.
  - Hinterfragung der hierarchischen Stellung des Mannes: Im Tierreich harmonische Zusammenarbeit der Geschlechter.
  - Frau ist fähig Mann zu helfen (13-14); ist klüger als er (15).
  - Aufklärung fordert Gleichheit, warum sollte das nicht auch für Frauen gelten?
    - Präambel.
    - *Frauen sollen in Nationalversammlung aufgenommen werden, da Unkenntnis, Vergessen und Missachten der Frauenrechte zum öffentlichem Elend und Korruptheit geführt haben.*
    - *Erklärung dient zur Erinnerung der Rechte und Pflichten der Frauen*
    - *Beschwerden der Frauen haben zur Erhaltung der Verfassung, Allgemeinwohls und guter Sitten beitragen.*
    - *Erklärung von Gott legitimiert (54-55).*
  - *Gleichberechtigung zwischen Mann und Frau, Unterschiede nur zum Allgemeinwohl.*
  - *Ziel des Staates: Erhaltung der Menschen- ,Bürger- und Frauenrechte wie z.B. Freiheit und Sicherheit.*
  - *Staat allein ist befähigt Macht auszuüben, niemand sonst.*
  - *Tyrannei des Mannes über Frau soll gesetzlich verhindert werden.*
  - *Freiheit nur durch Gesetze eingeschränkt, sonst durch nichts.*
  - *Isonomie, Leistungsgerechtigkeit bei Besetzung von Ämtern, Aufforderung politisch aktiv zu*

sein, politisches Mitspracherecht.
- Isonomie zwischen Männer und Frauen, keine Bevorzugung.
- *Nur notwendige Strafen dürfen verhängt werden, keine Bestrafung ohne Gesetz.*
- Keine Ausnahmen des Gesetzes gegenüber Frauen.
- *Meinungsfreiheit* und öffentliche Redefreiheit für Frauen.
- *Freie Gedanken- und Meinungsäußerung, Missbrauch soll verboten werden.*
- Rechte und Freiheiten für Frauen dienen dem Allgemeinwohl.
- Männer und Frauen zahlen gleichen Beiträge für *Lohn der Polizei und Verwaltung*, berufliche Selbstbestimmung.
- *Bürger dürfen Notwendigkeit von öffentlichen Geldern bestimmen*; Mitbestimmung der Frau.
- *Alle Bürger dürfen vom Staat Rechenschaft für sein Handeln einfordern.*
- *Völker ohne Gewaltenteilung und Garantie dieser Rechte haben keine Verfassung.*
  - → Verfassung ist nur dann gültig, wenn Mehrheit des Volkes daran beteiligt war.
- *Eigentum ist heilig, Verbot von Diebstahl, Staat darf persönlichen Besitz einziehen gegen gerechte Entschädigung.*
- **1791 – 1792 3. Phase der Französischen Revolution: Spaltung der Revolutionäre.**
  - ○ Endgültige Spaltung der Revolutionäre in **Liberale** und **Radikale** (unter Danton und Robespierre).
- **1. Koalitionskrieg (20. April 1792 – 1797) (Frankreich gegen Österreich und später Preußen)**
- König rät Nationalversammlung zum Krieg, Volk hat Angst vor europäischen Reaktionen auf Revolution.

Ziele des Koalitionskrieges		
Ludwig XVI.	**Girondisten**	**Feuillants**
Wollte Krieg verlieren, da Hoffnung auf Restauration Frankreichs durch europäische Großmächte.	Wollten Revolution auf ganz Europa ausweiten.	Hofften auf Stabilisierung der inneren Ordnung.

- Preußen trat Krieg bei und forderte französisches Volk auf, sich dem König unterzuordnen.
- **25. Juli 1792 Manifest des Herzogs von Braunschweig (FR4).**
- Agiert als Diplomat, verkündet Ansichten und Maßregeln des Kaisers von Österreich und des Königs von Preußen.
- Franzosen haben Elsass und Lothringen von deutschen Fürsten genommen, rechtmäßige Regierung und gute Ordnung gestört. Des Weiteren fallen sie in niederländische Provinzen ein.
- Franzosen haben sich am König und dessen Familie vergangen.
- Kriegserklärung wird für ungerecht erklärt, Preußen tritt dem Krieg bei, um seinen deutschen Bündnispartner zu unterstützen.
- Ziel des Krieges:
- Gesetzlosigkeit in Frankreich beenden.
- Angriffe auf Monarchie und Kirche aufhalten.
- Gesetzliche Gewalt wiederherstellen.
- Freiheit und Sicherheit des Königs gewährleisten, dessen Machtposition festigen.
- Überzeugung, dass französische Regierung nicht vom ganzen Volk gewollt ist und dass sich diese Krieg auf Seiten Österreichs und Preußens anschließen werden.
- Aufruf zur Gerechtigkeit, Freiheit und Sicherheit zurückzukehren, darum wurde folgendes erklärt:
- Niemand wird sich an französischen Besitztümern bereichern, Krieg soll lediglich dazu dienen öffentliche Ordnung in Frankreich wiederherzustellen.

- Keine innerpolitische Einmischung, lediglich Befreiung des Königs, königlicher Familie und einsetzen in alte Machtposition. Notwendige Mittel dafür werden bereitgestellt.
- Königstreue werden vom Heer verschont und beschützt, können sogar zur Wiederherstellung der öffentlichen Ordnung beitragen.
- Alle Soldaten und militärische Amtsträger sollen König ihre Treue schwören.
- Beschäftige in Verwaltung müssen sich vor Gerichten für Verbrechen rechtfertigen und bleiben im Amt, bis König über ihre Zukunft entscheidet.
- Widerstand wird gnadenlos und mit voller Strenge bestraft, Königstreue werden verschont und beschützt.
- Pariser Bürger sind alle schuldig, darum sollen sie sich König unterwerfen und Treue schwören. Revolutionäre Amtsträger sollen vor Gericht gestellt werden, ohne Hoffnung auf Gnade. An Bürgern wird Exempel statuiert, da sich niemand an König und Familie vergehen darf ohne danach mit voller Strenge bestraft zu werden.
  => Befehlshaber legen gutes Wort für Pariser Bürger ein, wenn sie dieser Erklärung Folge leisten.
- **25. Juli 1792 Sturm auf die Tuilerien.**
- König und Familie wurden gefangen genommen, um gegen preußische Forderung zu protestieren.
- **10. August 1792 Abschaffung des Königtums durch Nationalversammlung und Republikgründung.**
- *Zensuswahlrecht → allgemeinem Wahlrecht*, **Nationalkonvent** wird gewählt.
- Revolution wurde von 3 Seiten bedroht:

Durch Aufstände im Innerem	Durch europäische Koalition	Durch vermutete royalistische Verschwörung Ludwig XVI. durch Kooperation mit feindlichen Truppen.

- **1792 – 1794 4. Phase der Französischen Revolution: Die Konventsherrschaft.**
- **Wohlfahrtsausschuss** dient zur Kontrolle des Konvents und Regierung.
  → Zur Unterdrückung der konterrevolutionären Kräfte missbraucht.
- **20. September 1792 Konvent gewählt**, durch Terror der Pariser Bürger viele Radikale im Konvent.
- Girondisten errichten Kriegsdiktatur unter Maximilian Robespierre, prägte Formel: **Tugend und Terror!**
  - **Tugend:** *sittenstrenge, asketische, antiklerikale, antifeudale, unbestechliche, revolutionäre Haltung.*
  - **Terror:** *systematische und unbarmherzige Verfolgung aller Revolutionsfeinde.*
    → Tugend legitimiert Terror, Terror verhilft Tugend zur Macht.
- **21. September 1792 Anklage gegen Ludwig XVI.**
- **13. November 1792 Anklage des Königs durch den Jakobiner Louis de Saint-Just (299/M2).**
- König ist nicht unfehlbar und darf gerichtet werden, ist Feind der Revolution, muss daher bekämpft, nicht gerichtet werden.
  → Ablehnung den König als Bürger zu richten.
- Rückschritt verhindern, selbst Römer waren uns voraus, da Caesar nach Gesetz der Freiheit ermordet wurde.
- Königtum an sich ist ewiger Frevel gegen den sich jeder Mensch auflehnen darf.
  => Recht der Natur Tyrannen abzuschaffen.
- **26. Dezember 1792 Verteidigung des Königs durch dessen Rechtsanwalt Romain de Seze (300/M3).**
- Monarchie kann nur durch Absolutismus bestehen, Ludwig war verfassungsmäßig im Amt, Abschaffung des Königtums kann rechtmäßigen Status nicht aufheben.
- Ohne passende Gesetze kann und darf es weder Prozess noch Anklage geben.

- Um Ludwig als König zu verurteilen muss er als König gerichtet werden oder soll wenigstes als Bürger gelten.
- Zweifel an Neutralität der Richter und Geschworenen.
- Kritik an Verstößen gegen Verfassung und gegen Menschen- und Bürgerrechte.
- **17. Januar 1793 Ludwig XVI. zum Tode verurteilt.**
- **21. Januar 1793 Hinrichtung Ludwig XVI.**
- Unter bürgerlichen Namen hingerichtet, spiegelt Autoritätsverlust wider.
  - → Deshalb traten viele europäische Länder Krieg gegen Frankreich bei.
- Englische Seeblockade verschlechterte Wirtschaftslage, führte zu Hungersnot, vielen Arbeitslosen und sinkenden Löhnen.
- **10. März 1793** Errichtung eines Revolutionsgerichts, Höchstpreise für Getreide festgelegt, Stärkung des Assignaten (franz. Währung) durch Festlegung eines Wechselkurses.
- **März 1793 Madame de La Rochejaquelein über den Bürgerkrieg in der Vendee (297/M9).**
- Auf Schlachtfeld in der Vendee wurde Leichnam einer Frau gefunden, dies sorgt für Aufregung.
- Frauen wurde es verboten Heer zu begleiten, nicht einmal um sie zu versorgen.
- Ein Soldat ist zu Rochejaquelein gekommen und gestand, dass er Mädchen sei.
- Jeanne Robin hieß sie, sei wohl immer ordentlich gewesen, konnte jedoch nicht davon abgebracht werden kämpfen zu wollen.
- Gestand es einen Tag vor Schlacht von Thouars dem General Monsieur de Lescure.
- Sie kämpfte besonders gut, besser als General, als sie verwundet wurde, kämpfte sie nur noch entschlossener
- Es gibt noch weitere Frauen in Armeen, eine Reiterin, welche Tod ihres Vaters rächen möchte und 13 jährige Trommlerin.
- **6. April 1793 Wohlfahrtsausschuss als Exekutivorgan.**
- Gremium, welches entscheidet, ob jemand revolutionstreu ist oder nicht, wird provisorische **Revolutionsregierung** unter Danton, später unter Robespierre.
- *Terrorherrschaft* festigt sich, bedingt durch 5 Faktoren:
  - 1. Bedrohungen der europäischen Mächte.
  - 2. Gegenrevolutionen durch Aufständische (z.B. Choans).
  - 3. Wirtschaftskrise.
  - 4. Einfluss der sich bedroht fühlenden Pariser Bürger.
  - 5. Revolutionäre Ideologien durch Radikale.

Einfluss politischer Clubs		
Enrages	**Jakobiner**	**Sansculotten**
Machtausbau durch Wut, Angst und Misstrauen.	Verteidigung der Revolution, Verbreitung der Tugend und materieller Gleichheit.	Bewegen Konvent zur sozialen Wirtschaftspolitik.

- **26. Juli 1793 Todesstrafe für das Horten für Waren.**
  - → Missstände und Radikalisierung der Revolutionäre, schrecken nicht vor Tod zurück.
- Bekämpfung der Revolutionsfeinde im Innern (Choans) und Außen (Europa).
- **Sommer 1793** Frankreich ist von Feinden umgeben.
- Preußen in Elsass, England in Toulon, Royalisten in Lyon, Choans Aufstände an der Vendee.
- **1. August 1793 Dantons Rede vor dem Konvent (FR3).**
- Vorbildfunktion der französischen Revolution, da Regierung durch den Willen des Volkes entstanden.
- Wir verbessern die Welt für die künftigen Generationen.
- Tatenlosigkeit des Konvents führt zu dessen Machtverlust.

- Aufforderung zum Handeln, damit Volk geeint wird und Feinde gemeinsam ausrottet.
- Wohlfahrtsausschuss als provisorische Regierung, Minister als erste Gehilfen und eine Geldspritze in Höhe von 50 Millionen an den Wohlfahrtsausschuss.
- Wenn man die Regierung jetzt nicht festigt, ist das Elend der künftigen Generationen unsere Schuld.
- Reorganisation des Revolutionsheeres gefordert.
- **23. August 1793 Allgemeine Wehrpflicht eingeführt.**
- Militärische Erfolge festigen Konventsherrschaft und Nationalbewusstsein.
- **2. September 1793 Beschwerdebrief der Sansculotten an den Konvent (FR2).**
- Royalismus, Anmaßung, Egoismus, Intrigen, Geiz und Fanatismus verbreiten überall Verwüstung und Tod.
- Hamsterer treiben Hungersnot an und wollen mit Royalisten die Patrioten stürzen und König wieder einsetzen.
- Es ist Pflicht jedes Bürgers den Staat wieder zu Überfluss und Ruhe zu verhelfen, darum folgende Beschlüsse verfasst:
- Adelige dürfen keine militärischen und öffentlichen Ämter besetzen und sollen davon enthoben werden.
- Höchstpreise für Grundnahrungsmittel sollen festgesetzt werden, gemessen an Qualität und Preisen von 1789 und 1790.
- Höchstpreise für Rohstoffe sollen so gewählt werden, dass Profite, Löhne und Gewinne nicht nur das Existenzminimum sichern, sondern auch einen angenehmen Lebensstandard ermöglichen.
- Existenzsicherung im Notfall durch den Staat.
- Der Staat soll den Departements (Bundesländern) Geld geben, um gleiche Preise der Grundnahrungsmittel zu ermöglichen.
- Preisunterschiede durch Logistik sollen innerhalb der Republik unterbunden werden.
- Bauernverträge sollen aufgehoben und zu besseren Preisen vereinbart werden.
- Höchstgrenze für das Vermögen.
- Gerechtere Arbeitsbedingungen für die Bauern, Verbot des Großkapitalismus, Sicherung des Eigentums.
- Diese Forderungen sollen Überfluss, Ruhe und Kapitalumverteilung herbeiführen sowie Zahl der Besitzenden erhöhen.
- **17. September 1793 Gesetz über die Verdächtigen.**
- Beginn der Schreckensherrschaft, erlaubt systematischen Terror.
- Soll kulturellen Umbruch ermöglichen, Tugend durchsetzen und neues Menschenbild schaffen.
- **27. September 1793 Maximum-Gesetz.**
- Höchstpreise für Güter des täglichen Bedarfs, z.B. Brot, Öl wurden festgelegt, Löhne wurden angehoben.
- → Konvent gab Druck der Sansculotten nach.
- **5. Oktober 1793 Einführung des Revolutionskalenders.**
- Jahres-, Monats- und Tageszählung richtete sich am **22. September 1792**, der erste Tag der Republik.
- Beinhaltet 12 Monate mit Naturnamen mit jeweils 30 Tagen, 5 bzw. 6 Ergänzungstagen und 10 Tagewoche, um Bedeutung des christlichen Sonntags zu schmälern.
- **Oktober 1793 Begründung des Verbotes der Frauenclubs (298/M11).**
- Frau hat von Natur aus Aufgaben, welche der allgemeinen Ordnung

---

Interessant!
Erklärungsansätze für den Terror:
1. Im Vergleich zu anderen Revolutionen (USA, UK) schien Gewalt notwendig zu sein.
2. Gegen Aristokatie nur mit Gewalt vorzugehen.
3. In der Zeit wurde Frankreich durch viel Gewalt daran gewöhnt.
4. Äußere Bedrohungen, politische und soziale Forderungen legitimieren Gewalt als notwendiges Übel.
5. Terror ist Vorbote für moderne Rücksichtslosigkeit im Herrschaftswahn.

der Gesellschaft dienen.
- Aufgaben sind aus natürlichen Unterschieden zwischen Mann und Frau entstanden.
  → Können nicht geändert werden.
- Männer sind stark, robust, kühn, mutig und haben viel Energie, weshalb sie körperliche Arbeiten (z.b. Krieg, Jagen und Landwirtschaft) aber auch geistige Arbeiten (z.b. Meditation) durchführen können, zu denen Frau nicht fähig ist.
- Frauen machen sich um Vaterland verdient, indem sie sich um Kinder und Hof kümmern.
- Frauen sind unfähig ernsthaft nachzudenken oder etwas zu erfinden.
- **8. November 1793 Manon Roland vor ihrer Hinrichtung (303 / M8).**
- Vergleich mit Mördern von Caesar.
  - Tyrannei sollte gestürzt werden um Frieden und Gerechtigkeit zu gewährleisten.
  - Stattdessen führte es zum Ausbruch von hasserfüllten Leidenschaften und Sittenlosigkeit.
- Herrschaft von Heuchlern, welche im Namen der Gerechtigkeit durch Gerichte unrecht verbreiten.
- Französisches Volk hat Sittlichkeit und Instinkte verloren, da auf Hinrichtungen derer gewartet, welche ihnen helfen wollen.
- **10. November 1793 Fest der Freiheit und der Vernunft in Notre-Dame.**
- **Entchristianisierungsversuch,** durch Fest wurde Vernunft als höchstes Gut verehrt und Gott somit überflüssig.
- **15. Dezember 1793 Camille Desmoulins in Zeitung Le Vieux Cordelier (302/M7).**
- Vergleich von Tacituswerk mit der Regierung von Robespierre
  - Natürlicher Tod eines wichtigen Mannes selten und daher wichtig.
  - Massenmorde sind weniger wichtig als die Dreistigkeit und das Glück der Mörder und Denunzianten.
  - Denunzianten und Mörder haben großen politischen Einfluss.
  - Gerichte sind ungerecht und verurteilen Viele durch wenig Beweise zu Tode und beschlagnahmen solche Mengen, dass es sich um Diebstahl handelt.
  - Recht auf einen Prozess bleibt verwehrt durch viele Morde und die öffentliche Ächtung seiner Feinde.
  - Grausamkeiten aus Hunger enden mit Ende des Hungers, Grausamkeiten aus Angst, Gier und Misstrauen enden niemals.
  - Das Volk ist so tief gesunken, dass es einen Tyrannen an der Macht duldet.
- **Frühling 1794 Siegeszüge der Armee.**
- Terror wird durch Erfolge der Revolutionsarmee abgeschwächt, Sansculotten werden politisch ruhiger und verlieren an Einfluss.
- **5. April 1794 Danton und Indulgenten hingerichtet, *Schreckensherrschaft* von Robespierre** beginnt.
- Danton bemühte sich um Frieden mit europäischen Großmächten.
  → Terror wendet sich auch gegen ehemalige Verbündete.
- **10. Juni 1794 Gesetz vom 22. Prairial.**
- Erleichterte Hinrichtung von Revolutionsgegnern, da auch Konventsmitglieder ohne Mehrheit vor Gericht geführt werden konnten.
- **Juli 1794** Ca. 17.000 Todesurteile durch Revolutionsausschüsse.
  → Viele Verdächtige anhand weniger Beweise getötet oder weil politische Gesinnung gegen Wohlfahrtsausschuss war.
- Soziale Zusammensetzung in der Zeit der Schreckensherrschaft Hingerichteter:

Geistliche	Adelige	Bürger der oberen und unteren Mittelschicht	Sansculotten	Bauern
6,5%	8,25%	24,5%	31,25%	28%

- Während Zeit der **Schreckensherrschaft** wurden Ideale der französischen Revolution verraten.

- Hinrichtungen fallen vermehrt Angehörige des Dritten Standes zu.
- Politischer Machterhalt stand im Vordergrund, auch Revolutionäre wurden zum Opfer der Revolution (Gegner von Robespierre).
  => „Die Revolution frisst ihre eigenen Kinder" (Georg Büchner, deutscher Dichter).
- **28. Juli 1794 Sturz von Robespierre.**
- Robespierre wollte Terror verschärfen und Verräter strenger aufsuchen und hinrichten, wegen *Gesetz vom 22. Prairial* fürchteten sich Konventsmitglieder.
- **1794 – 1799 5. Phase der Französischen Revolution: Herrschaft der Thermidorianer und des Direktoriums.**
- Nach Ende der Terrorherrschaft, Einzug der Liberalen in Konvent. **Direktorialverfassung** entspricht liberal-demokratischen Vorstel-lungen. Aufstände von Royalisten und Radikalen wurden niederge-schlagen.

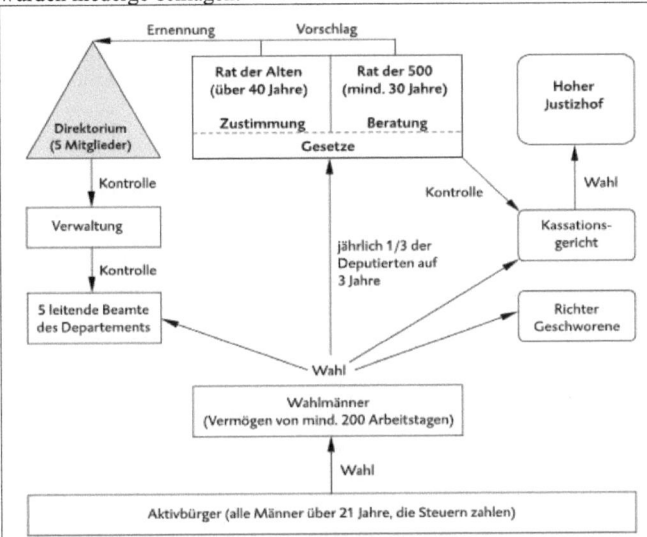

- Abgrenzung von asketischer Ideologie der Terrorzeit durch großbürgerlichen, eleganten Lebensstil nach **aristo-kratischem Vorbild**.
- Sansculotten und Royalisten wurden bekämpft, da unzufrieden mit Regime.
  => Sansculotten wurden erfolgreich bekämpft, jedoch wuchs Zahl an Royalisten erschreckend.
  => Regime stützte sich auf Erfolge der Armee, Expansion führte zur inneren Stabilität.
- **22. August 1795 Direktorialverfassung.**

Bürgerliche Grundsätze (Religionsfreiheit, Wirtschaftsliberalismus) aufgegriffen.	Wohlfahrtsausschuss der Vollmachten entzogen und auf Kriegsangelegenheiten beschränkt.	
5 gewählte Direktoren ersetzen Amt des Königs.	Verbot der Jakobinerclubs.	Rückkehr zu **1791** Verfassung.

- **1. Juni 1797 Napoleon zum französischem Gesandten Mito de Melito in der Toskana (FR5/M3a).**
  - Antirepublikanisch, Ziel: Zentralisierte Alleinherrschaft.
  - Vertritt nicht Ideen der Revolution, sondern sieht Ruhm als patriotische Antriebskraft der

Franzosen.
- **14. Juli 1797: Befehl von Napoleon an seine Truppen (FR5/M3b).**
- Bei Jahresfeier vom Sturm auf Bastille spricht er über Freiheit, Regierung und Verfassung die von Soldaten verteidigt werden sollen.
- Spricht Angst der Männer an, Errungenschaften der Revolution durch Europäer aberkannt zu bekommen.
  - → Propaganda (Vollender der Revolution).
  - → Mobilisierung der Soldaten für Expansionskrieg in Toskana.
  - → Militärische Erfolge dienen Festigung der eigenen Herrschaft.
- **17. Oktober 1797 Kriegerische Erfolge von Napoleon.**
- Niederlande, Schweiz, Nord- und Mittelitalien, Genua, Neapel erobert.
- **Gründe für Erfolg Napoleons.**

> **Interessant!**
> **Napoleoniden.**
> Napoleon errichtet Satellitenstaaten ohne Mitspracherecht aber mit moderner Gesellschafts-, Staats- und Rechtsordnung.

Nationales Selbstbewusstsein des Heeres.	Revolution auf Europa auszuweiten gewollt.	Freiwilliges Heer, keine Söldner wie in Europa üblich.

- **6. Phase der Französischen Revolution: Ende der Republik.**
- **1799 – 1802 Zweiter Koalitionskrieg.**
- **9. November 1799 Staatsstreich vom 18. Brumaire.**
- Napoleon stürzt Direktorium und beendet Revolution, Ziele wurden erreicht.
- **24. Dezember 1799 Napoleon regiert als Erster Konsul durch eingeführte**

4. Die Verfassung des Jahres VIII (1799) – Konsulatsverfassung

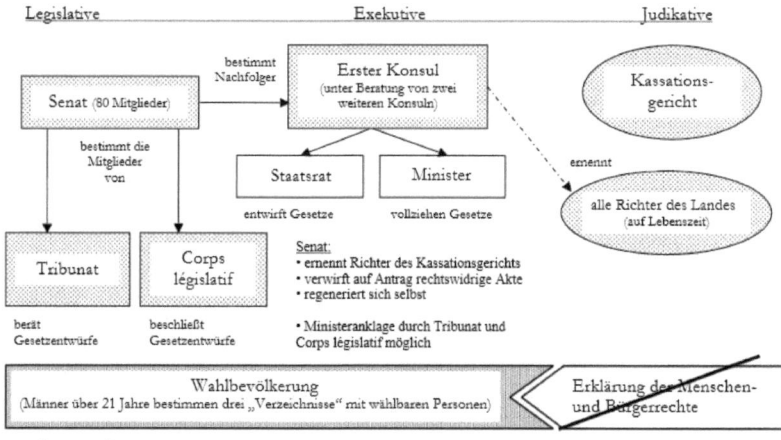

Konsulatsverfassung.

Allgemeines Wahlrecht	Tribunat fungiert als Berater	Senat nur nach Debatte abstimmen
Amtszeit Konsul 10 Jahre, Schwerpunkt der Exekutive (Ernennt Regierung, erlässt Gesetze)		

- **2. August 1802 Napoleon durch Plebiszit zum Konsul auf Lebenszeit gewählt.**
- **25. Februar 1803 Reichsdeputationshauptschluss.**
  - Heiliges Römisches Reich entschädigt seine Fürsten für Verluste gegen Frankreich.
  - **Säkularisierung:** Aneignung von kirchlichem Besitz.
  - **Mediatisierung:** Aneignung von freien Städten.

- **2. Dezember 1804** Napoleon ernennt sich selbst zum Kaiser auf Lebenszeit → **Ende der Republik.**
- **Herrschaftsdarstellungen Napoleons.**
- Anknüpfen an römische und Merowingertradition, universeller Machtanspruch wird deutlich.
- Heroische Darstellungsweisen gewählt, Napoleon als bedeutender Reformer.
  => Erste richtige Propaganda um die Zustimmung der breiten Massen zu erhalten.

Code Civil			
Isonomie.	Gleichstellung der Juden.	Gewissens- und Religionsfreiheit.	
Sicherheit des Besitzes.	Recht auf Freizügigkeit.		
Problematisches	Zensur.	Eingeschränkte Versammlungsfreiheit.	Bevormundung der Frau.

- → Ähnlichkeiten zur Erklärung der Menschen- und Bürgerrechte.
- → Errungenschaften der liberalen Phase bleiben erhalten.
- → Einführung eines neuen Militäradels.
- → Ausweitung der Revolution auf Europa, Sicherung der inneren Stabilität.
- **1805 Dritter Koalitionskrieg.**
- England, Russland, Österreich, Schweden und Neapel gegen Frankreich.
- **2. Dezember 1805 Schlacht von Austerlitz 'Dreikaiserschlacht'.**
- Sieg Napoleons über Franz I. (Österreich) und Alexander I. (Russland).
- **1806 Gründung des Rheinbundes.**
- Bund zwischen Süddeutschen Staaten, **bis 1811**
  schließen sich 20 weitere Territorien an.
  => Staaten waren formal unabhängig, standen unter französischem Einfluss.
- **6. August 1806 Niederlegung der Krone von Kaiser Franz II.**
  => Ende des Heiligen Römischen Reiches Deutscher Nation.
- Bayern, Sachsen und Würtenberg werden zu Königtümern, müssen Frankreich Soldaten, Kriegsgeräte und Waffen zur Verfügung stellen.
- **Kontinentalsperre** gegenüber englischen Gütern (Massenboykott).
- Soll englische Wirtschaft schwächen, schwächt aber kontinentaleuropäische deutlich stärker.
- **1806 – 1807 Vierter Koalitionskrieg.**
- Preußen und Russland gegen Napoleon.
- **1807 Friede von Tilsit.**
- Preußen verliert halbes Territorium, leistet hohe Reparationszahlungen.
- **Preußische Reformen:** Sollen ökonomische **Erstarkung** herbeiführen. Herrscher und Fürsten dagegen, Großbürger dafür, mehr Macht und freies Marktwesen gefordert.
- **Freiherr von Stein:** Reformen von oben verhindern Revolution von unten, wie in Frankreich.
- **Freiherr von Hardenberg:** Gründet Gruppe von reformwilligen Beratern, welche auf König einreden, der widerwillig zustimmt => Ziel: Bürger und Bauern an Preußen binden, um von Napoleon abzuwenden.
- **Vorausdenken der Regierung:** Kapital für künftigen Krieg gegen Frankreich anhäufen.

> **Wichtig!**
> Reichsde-
> putations-
> hauptschluss
> und Gründung
> des Rhein-
> bundes bilden
> geschlossene
> Flächenstaaten.

Preußische Reformen		
Gesundheitsreformen: Schutzimpfungen und Müllabfuhr, Friedhöfe an Stadtrand verlegt.	**9. Oktober 1807 Oktoberedikt.** Bauern dürfen sich freizukaufen, Hochzeitsfreiheit, freie Berufswahl, Freizügigkeit.	**1808 Verwaltungsreform.** Preußisches Ministerium (5 Minister) gebildet, Staat in Regierungsbezirke gegliedert.

1808 Städteordnung. Männer mit Mindesteinkommen konnten Stadtrat wählen oder für Sitz kandidieren.	1809 Bildungsreform. Einheitliches, staatliches Bildungssystem, allgemeine Schulpflicht, Universitäten besitzen Freiheit zu Lehren und Forschen, Erziehung zum Allgemeinsinn	1810 Gewerbefreiheit. Zunftzwang aufgehoben. 1814 Allgemeine Wehrpflicht Aufbau eines Volksheeres, junge Generäle wurden eingesetzt.
1812 Judenemanzipation. Juden zu Stadtbürgern erhoben, durften öffentliches Amt bekleiden, Richter werden und Grundbesitz erwerben.	1811 Regulierungsedikt. Bauern können bewirtschaftetes Land abkaufen. 1815 Landwehrordnung. Strafmaßnahmen gemildert, Leistungen belohnt, Aufstieg der Bürger zum General.	1810 – 1812 Steuerreformen. Vereinheitlichung des Steuersystems, durch z.B. einheitliche Gewerbe- und Verbrauchssteuer.

=> Folgen der preußischen Reformen.
- Festigung der Monarchie durch Zufriedenstellen weiter Bevölkerungsteile.
- Prozess der Entmachtung des Adels setzt ein (regionale Unterschiede).
- Keine blutige Revolution von unten, aber gewaltsame Unterdrückung freiheitlicher Bewegungen von oben.
    - → Revolutionäre Gefahr steigt, Lähmung der Bevölkerung, Resignation, **Untertanenmentalität.**
- **12. September 1807 Von Hardenberg: Rigaer Denkschrift (360/M2).**
    - ○ Staat soll Bürger zufrieden stellen.
    - ○ Unterdrückung der Revolution führte zur Festigung derer Ziele und Ideale.
    - ○ → Es bleibt nur Wahl zwischen Untergang oder Annahme der Grundsätze.
    - ○ Regierung soll Veredelung der Menschheit anstreben, darum konstitutionelle Monarchie.
    - ○ Gedanke der Revolution soll mehr als nur politischer Traum sein.
        - ■ Man solle sich Vorbild an guten Seiten der jakobinischen Diktatur nehmen.
    - ○ Nur durch Verfassung, welche Zeitgeist entspricht, kann Preußen bestehen.
        - ■ Umstände machen Verfassung notwendig.
    - ○ Freiheit und Gleichheit sollte nur zum eigenem Wohle eingeschränkt werden dürfen.
    - ○ Man soll Freiheit und Gleichheit garantieren, die auf gerechte Gesetze gestützt sind.
- **1808 Deutscher Frühkonstitutionalismus („Die deutschen Reformen").**
- Staaten des Rheinbundes und andere waren formal unabhängig, standen aber unter französischem Einfluss.
- Durch **Mediatisierung** gewinnen Bayern, Sachen und Würtenberg an Einfluss, zu Königreichen erhoben.
- Bayern erhält eigene Verfassung, Baden übernimmt eine Modifikation des Code Civil.
    - Baden, Bayern und Würtenberg verkünden in Edikten Religionsfreiheit, effektive Verwaltung und beseitigten Ständesystem.
    - **Gründe für diese Reformen:**
        - Druck von Franzosen.
        - Durch Eingliederung der ehemals unabhängigen Staaten (**Säkularisierung / Mediatisierung**).
        - Oberhäupter dachten sich, dass Reformen bald wieder aufgehoben werden.
            - → Skepsis der Herrscher über französische Vorbildfunktion.
- **24. November 1808 Von Stein: Schreiben an das Generaldirektorium (361/M3).**
    - […] Kritik an Leibeigenschaft, Bauer soll an Staat gebunden sein, nur Gott und König allein

dienen, keinem Feudalherren.
* Östlich der Elbe ist Vererbung der Leibeigenschaft noch immer vorhanden, lähmt Freiheit des Volkes. Neue Ordnungen werden eingeführt um Alten entgegenzuwirken, dabei reicht es vollkommen alte aufzuheben.
* Zensuswahlrecht (liberale Forderung), Stärkung des Nationalismus um Wohlergehen des Staates zu fördern.
* Aufhebung des *imperium in imperio*, Verbindung zwischen Adel und Bürgertum (durch z.B. Heirat).
    → Stärkung der Nation als Folge.
* Einfache Bürger sollen Recht auf Offizierslaufbahn bekommen, wenn sie dazu fähig sind. Man soll Volksheer aufbauen.
* **1809 Fünfter Koalitionskrieg.**
* Österreich gegen Frankreich.
* **1810 Deutsches Volk formiert sich gegen Napoleon.**
* Ideale des französischen Nationalismus von Deutschland aufgegriffen und gegen Frankreich angewendet.
* **Gedanken der Turnvereine:**
* Definition von Nationalstaat und Nation diskutiert, Entfaltungsmöglichkeiten des Individuums gehen nur so weit wie jene des gesamten Volkes, Denken gegen Ständesystem.
* Beste Entwicklung und Ausdrucksmöglichkeit ist in Nationalstaat möglich.
    => *Anti-französischer Protest* und *deutsch-utopische Vorstellungen* verbinden sich und richten sich gegen Besatzer und **deutsche Kleinstaaterei.**
* **1. Januar 1811 Annexion der Nordseeküste.**
* Französisches Vaterland und annektierte Gebiete wurden durch Napoleon modernisiert durch z.B.
* 1. Eingeschränkte demokratische Partizipation.
* 2. Modernes und effektives Verwaltungssystem.
* 3. Reformen im Bereich des Rechtswesens (Code Civil).
* 4. Leistungsgerechtes Steuersystem.
* Niederlande gehörte Franzosen, sodass von England abgeschottet.
* **1812 Eroberung Europas scheitert in Russland.**
* Moskau erreicht, kalter Winter dezimiert Armee.
* Nationalgedanke in eroberten Gebieten verbreitet sich, Auflehnung gegen französische Besatzung möglich => Preußischer König nutzt Nationalgedanken in Befreiungskriegen.
* **1813 Befreiungskriege.**
* Preußen, Österreich, England, Schweden, Russland, Bayern gegen französische Herrschaft.
* Armeen kämpfen nicht für Monarchen, sondern für Vaterland.
* **Folgen der Befreiungskriege.**
* Bildungselite (Schriftsteller, Studenten) verbreiteten Idee der deutschen Kulturnation und fordert Nationalstaat in Deutschland wegen Aufklärung z.B. in **Nationalliteratur** (Schiller, Goethe, Lessing).
* Preußen, Österreich und Bayern bilden Nationalstolz, durch konservative Führungskreise gefördert.
* **16 – 19. Oktober 1813 Völkerschlacht bei Leipzig.**
* Koalitionstruppen besiegen französische Armee.
* **31. März 1814 Koalitionstruppen erobern Paris.**
* **2. April 1814 Napoleon wird abgesetzt.**

Bedeutung der Französischen Revolution.
* Bündelung und Verdichtung von Erfahrungen aus Englischer und Amerikanischer Revolution

(liefern Kritik am Regime und Vorbilder).
* Schuf bis heute bestehendes Staats- und Gesellschaftsmodell, bildete heutiges Staats-Selbstverständnis.
* Ereignisse während Revolution beeinflussten moderne Verfassung, Menschenbild und Wertesystem.
* Modell der Aufklärung zum erstem Mal in Praxis umgesetzt.
* Anfängliche Erfolge (Volkssouveränität; persönliche Freiheit; allg. Wahlrecht) für Erstaunen gesorgt.
* Verbreitung dieser Ideen in ganz Europa durch Napoleon.
* **Revolutionsfurcht** der Träger wegen Widerstand der Obrigkeit führten zu Einbindung von monarchischen Elementen.
=> Fundamentale Errungenschaften und Fortschritte wurden sichtbar und konnten studiert werden.

BEI GRIN MACHT SICH IHR WISSEN BEZAHLT

- Wir veröffentlichen Ihre Hausarbeit,
  Bachelor- und Masterarbeit

- Ihr eigenes eBook und Buch -
  weltweit in allen wichtigen Shops

- Verdienen Sie an jedem Verkauf

Jetzt bei www.GRIN.com hochladen
und kostenlos publizieren